school - isikole	2
travel - ukuhamba	5
transport - izinto zokuhamba	8
city - idolobha	10
landscape - ingadi	14
restaurant - isitolo sokudlela	17
supermarket - emakethe enkulu	20
drinks - iziphuzo	22
food - ukudla	23
farm - ifamu	27
house - indlu	31
living room - igumbi lokuhlala	33
kitchen - ikhishi	35
bathroom - igumbi lokugeza	38
kids room - igumbi lezingane	42
clothing - izimpahla	44
office - i-ofisi	49
economy - umnotho	51
occupations - imisebenzi	53
tools - amathuluzi	56
musical instruments - izinsimbi zomculo	57
zoo - esiqiwini	59
sports - imidlalo	62
activities - imisebenzi	63
family - umndeni	67
body - umzimba	68
hospital - isibhedlela	72
emergency - izimo eziphuthumayo	76
earth - Umhlaba	77
clock - iwashi	79
week - iviki	80
year - unyaka	81
shapes - amasheyphu	83
colors - imibala	84
opposites - izinto ezingafani	85
numbers - izinombolo	88
languages - izilimi	90
who / what / how - ubani / ini / kanjani	91
where - kuphi	92

Impressum
Verlag: BABADADA GmbH, Nedderfeld 112 , 22529 Hamburg
Geschäftsführer / Verlagsleitung: Harald Hof
Druck: Books on Demand GmbH, In de Tarpen 42, 22848 Norderstedt

Imprint
Publisher: BABADADA GmbH, Nedderfeld 112 , 22529 Hamburg, Germany
Managing Director / Publishing direction: Harald Hof
Print: Books on Demand GmbH, In de Tarpen 42, 22848 Norderstedt

school
isikole

- divide — divayda
- board — ibhodi
- classroom — ikilasi
- school yard — igceke lesikole
- teacher — uthisha
- paper — iphepha
- pen — ipeni
- desk — ideski
- ruler — irula
- write — bhala
- book — incwadi
- pupil — umuntu

satchel
isikhwama

pencil case
isikwama sepeni

pencil
ipensela

pencil sharpener
umshini wokulola

rubber
irabha

drawing pad
indawo yokudweba

school - isikole

drawing
ukudweba

paintbrush
ibrashi lokupenda

paint box
ibhokisi lokupenda

scissors
isikelo

glue
inomfi

exercise book
incwadi yesikole

homework
umsebenzi wasekhaya

number
inamba

add
hlanganisa

subtract
susa

multiply
phindaphinda

calculate
bala

letter
incwadi

alphabet
izinhlamvu zamagama

word
igama

school - isikole

text
umbhalo

read
funda

chalk
ushoki

lesson
isifundo

register
bhalisa

examination
isivivinyo

certificate
isitifiketi

school uniform
iyunifomu yesikole

education
imfundo

encyclopedia
i-encyclopedia

university
inyuvesi

microscope
isibonakhulu

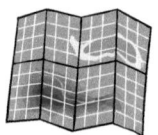
map
ibalazwe

waste-paper basket
ibhaskidi yokulahla amaphepha

school - isikole

travel
ukuhamba

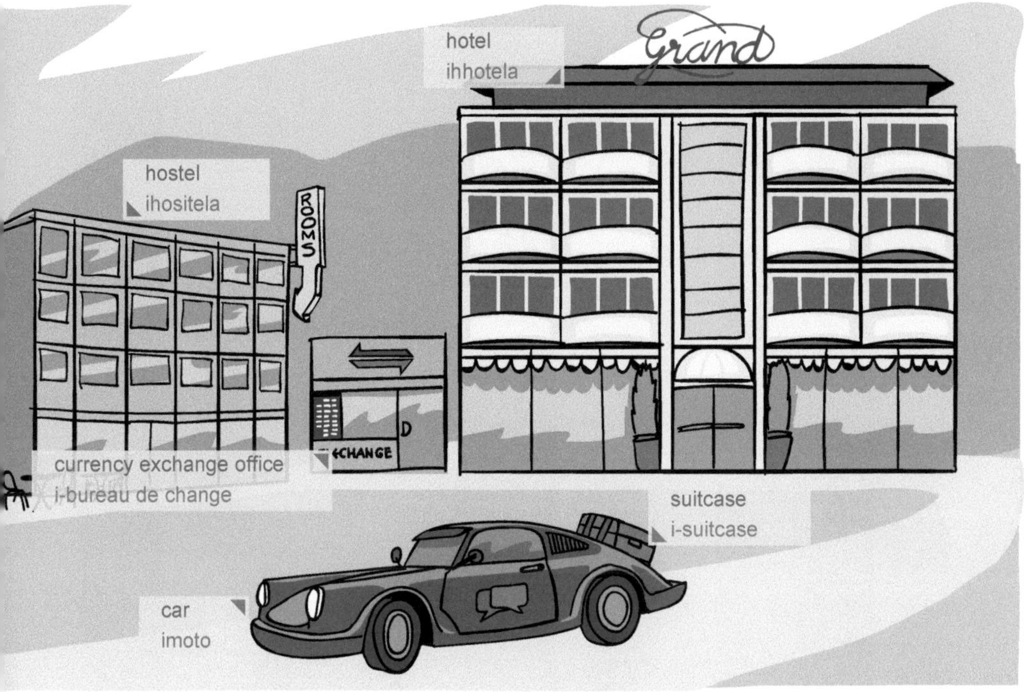

hotel
ihhotela
Grand
hostel
ihositela
ROOMS
currency exchange office
i-bureau de change
EXCHANGE
suitcase
i-suitcase
car
imoto

language
ulimi

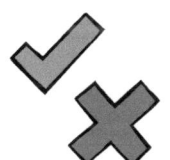

yes / no
yebo / cha

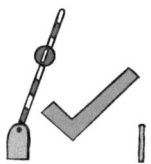

Okay
kulungile

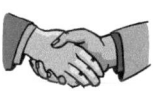

hello
sawubona

translator
umhumushi

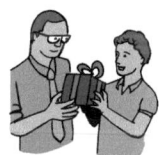

Thank you
Ngiyabonga

how much is…?
iyimalini i…?

I don't get it
angiqondi

problem
inkinga

Good evening!
Intambama enhle!

Good morning!
Sawubona!

Good night!
Ulale kahle!

goodbye
bye bye

direction
isiqondiso

luggage
izikhwama

bag
isikhwama

backpack
ubhakha

guest
isivakashi

room
igumbi

sleeping bag
isikhwama sokulala

tent
ithende

travel - ukuhamba

tourist information
imininingwane yamathoristi

beach
ulwandle

credit card
ikhadi lesikweletu

breakfast
ukudla kwasekuseni

lunch
ukudla kwasemini

dinner
ukudla kwasebusuku

Ticket
ithikithi

elevator
i-lift

stamp
isitembu

border
ibhoda

customs
amasiko

embassy
inxusa

visa
ivisa

passport
iphasiphothi

travel - ukuhamba

transport
izinto zokuhamba

airplane
indiza

ship
iskebhe

fire truck
injini yomlilo

bus
ibhasi

truck
iloli

motorboat
isikebhe senjini

bike
isithuthuthu

car
imoto

ferry
isikebhe

boat
isikebhe

motorbike
isithuthuthu

police car
imoto yamaphoyisa

racing car
imoto ejahayo

rental car
imoto eqashiwe

car sharing

ukurenta imoto

tow truck

iloli eliphukile

garbage truck

ithrakhi

engine

injini

fuel

amafutha

fuel station

indawo yokuthela uphethiloli

traffic sign

uphawu lwethrafikhi

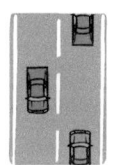

traffic

ithrafikhi

traffic jam

ithrafikhi enkulu

parking lot

indawo yokupaka izimoto

train station

isitashi sesitimela

tracks

amaloli

train

isitimela

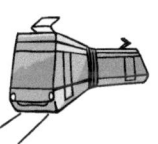

tram

ithilamu

wagon

inqola

transport - izinto zokuhamba

helicopter
ihelikhoptha

airport
isikhungo sezindiza

tower
umphongolo

passenger
iphasenja

container
ikhonteyna

carton
ikhathoni

cart
inqola

basket
ubhasikidi

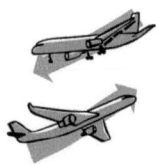
take off / land
ukusuka / ukwehla

city
idolobha

village
isigodi

city center
i-city centre

house
indlu

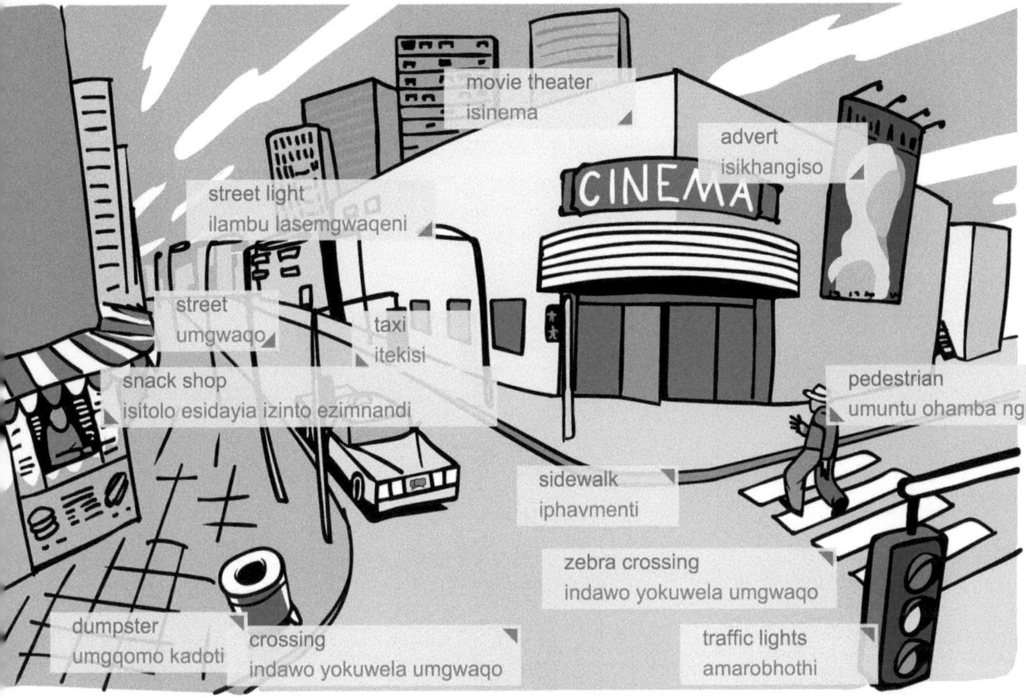

movie theater
isinema

advert
isikhangiso

street light
ilambu lasemgwaqeni

street
umgwaqo

taxi
itekisi

snack shop
isitolo esidayia izinto ezimnandi

pedestrian
umuntu ohamba nge

sidewalk
iphavmenti

zebra crossing
indawo yokuwela umgwaqo

dumpster
umgqomo kadoti

crossing
indawo yokuwela umgwaqo

traffic lights
amarobhothi

hut
indlu yodaka

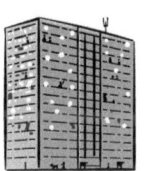

apartment
i-flat

train station
isitashi sesitimela

city hall
i-town hall

museum
imuzilemu

school
isikole

city - idolobha

university

inyuvesi

bank

ibhange

hospital

isibhedlela

hotel

ihhotela

pharmacy

ikhemisi

office

i-ofisi

book shop

isitolo sezincwadi

shop

esitolo

flower shop

istolo sezimbali

supermarket

emakethe enkulu

market

imakethe

department store

isitolo somnyango

fishmonger's shop

i-fishmonger's

mall

isikhungo sezitolo

harbor

isikhungo semikhumbi

city - idolobha

park
ipaki

bench
ibhentshi

bridge
ibhuloho

stairs
izitezi

subway
ngaphansi komhlaba

tunnel
umhubhe

bus stop
istobhu sebhasi

bar
i-bar

restaurant
isitolo sokudlela

postbox
eposini

street sign
uphawu lwasemgwaqeni

parking meter
umshini wokukhokhela ukupaka

zoo
esiqiwini

swimming pool
indawo yokubhukuda

mosque
i-mosque

city - idolobha

farm
ifamu

pollution
ukungcola

cemetery
amagcwaba

church
isonto

playground
igrawundi lokudlala

temple
ithempeli

landscape
ingadi

- leaf — icembe
- signpost — mpambano mgwaqo
- path — indlela
- meadow — idlelo
- stone — itshe
- tree — isihlahla
- hiker — umqwali wezintaba
- river — umfula
- grass — utshani
- flower — imbali

valley
isigodi

hill
intaba

lake
ichibi

forest
ihlathi

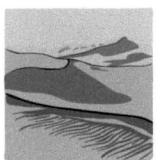
desert
ogwadule

volcano
intaba mlilo

castle
isigodlo

rainbow
uthingo

mushroom
ikhowe

palm tree
isihlahla sesundu

mosquito
umiyane

fly
ukundiza

ant
intuthwane

bee
inyosi

spider
isicabucabu

landscape - ingadi

beetle
ibhungane

frog
ixoxo

squirrel
i-squirrel

hedgehog
i-hedgehog

hare
unogwaja

owl
isikhova

bird
izinyoni

swan
idada

boar
intibane

deer
inyamazane

moose
i-moose

dam
idamu

wind turbine
i-wind turbine

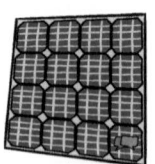

solar panel
i-solar panel

climate
isimo sezulu

landscape - ingadi

restaurant
isitolo sokudlela

- waiter / uweyita
- menu / imenu
- chair / isihlalo
- soup / isobho
- pizza / i-pizza
- cutlery / ikhathilari
- tablecloth / indwangu yasetafuleni

starter
ukudla okulula

main course
isidlo

dessert
idizethi

drinks
iziphuzo

food
ukudla

bottle
ibhodlela

restaurant - isitolo sokudlela

fast food
ukudla okulula

street food
ukudla okudayiswa emgwaqeni

teapot
ithiphothi

sugar bowl
isitsha sikashukela

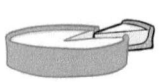
portion
ingxenye

espresso machine
umshini we-ekspreso

high chair
isitulo esiphezulu

bill
izindleko

tray
ithreyi

knife
ummese

fork
imfologo

spoon
ispuni

teaspoon
ithispuni

serviette
indawo yokusula umlomo

glass
igilasi

restaurant - isitolo sokudlela

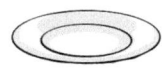

plate
ipuleti

soup plate
ipuleti lesobho

saucer
isoso

sauce
isosi

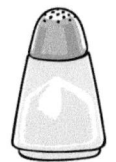

salt shaker
isitsha sasawoti

pepper mill
isitsha sephepha

vinegar
uviniga

oil
amafutha

spices
izinongo

ketchup
isosi yetamatisi

mustard
isosi yesinaphi

mayonnaise
imayonesi

restaurant - isitolo sokudlela

supermarket

emakethe enkulu

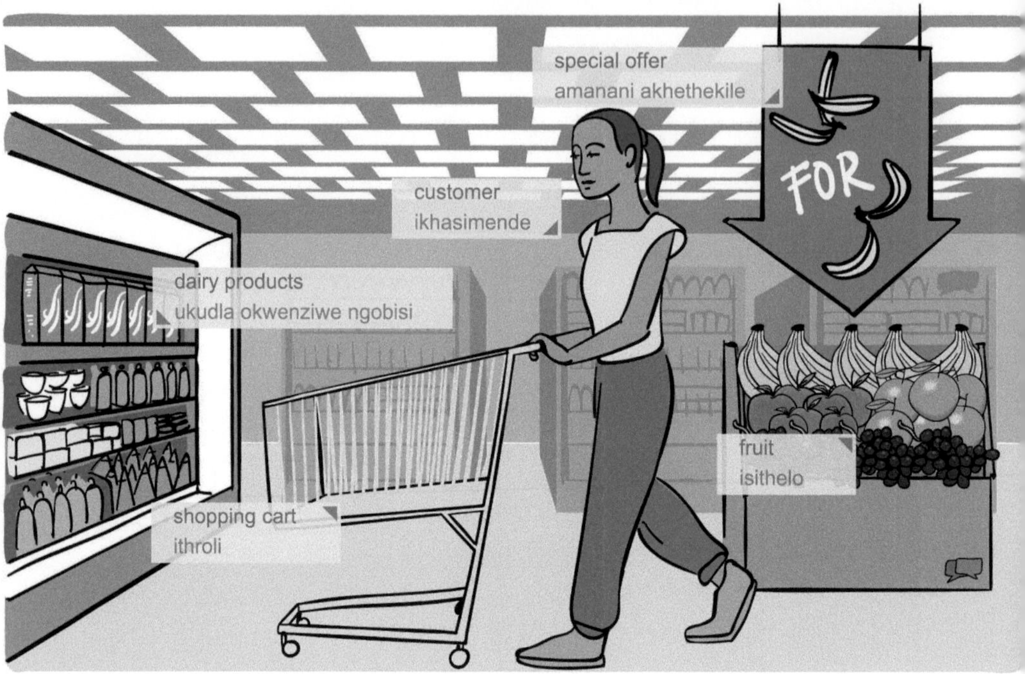

special offer
amanani akhethekile
FOR
customer
ikhasimende
dairy products
ukudla okwenziwe ngobisi
fruit
isithelo
shopping cart
ithroli

BUTCHERS

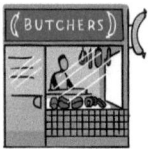

butcher's shop

ebhusha

BAKERY

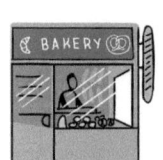

bakery

isitolo esidayisa isinkwa

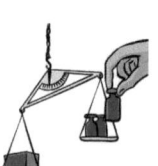

weigh

kala

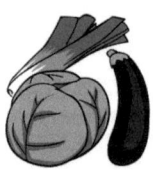

vegetables

amaveji

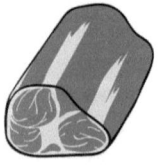

meat

inyama

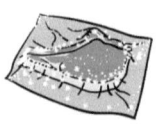

frozen food

ukudla okubandayo

cold cuts
inyama ebandayo

canned food
ukudla okusethinini

detergent
insipho yokuwasha enguphawuda

candy
oswidi

household products
izinto zasendlini

cleaning products
izinto zokuhlanza

sales representative
umuntu odayisayo

cash register
ithili

cashier
umbali wemali

shopping list
izinto okumelwe zithengwe

opening hours
amahora okuvula

wallet
uwolethi

credit card
ikhadi lesikweletu

bag
isikhwama

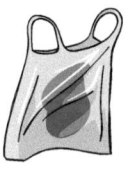
plastic bag
isikwama sepulastiki

supermarket - emakethe enkulu

drinks
iziphuzo

water
amanzi

juice
ijusi

milk
ubisi

coke
i-coke

wine
iwayini

beer
ubhiya

alcohol
utshwala

cocoa
i-cocoa

tea
itiye

coffee
ikhofi

espresso
i-ekspreso

cappuccino
ikhaphachino

food
ukudla

banana
ubhanana

apple
i-apula

orange
i-olintshi

melon
ikhabe

lemon
ulamula

carrot
ukherothi

garlic
ugaligi

bamboo
umhlanga

onion
u-anyanisi

mushroom
ikhowe

nuts
amakinati

noodles
ama-noodle

spaghetti	rice	salad
isipagethi	iraysi	isaladi

fries	fried potatoes	pizza
ama-chips	amazambane athosiwe	i-pizza

hamburger	sandwich	escalope
ibhega	isendiwichi	inyama engenathambo

ham	salami	sausage
ham	salami	isoseji

chicken	roast	fish
inkukhu	yosiwe	inhlanzi

food - ukudla

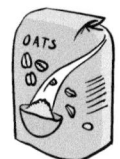

porridge oats

iphalishi le-oats

muesli

i-muesli

cornflakes

ama-cornflakes

flour

uflulawa

croissant

i-croissant

bread roll

isinkwa esiyiroli

bread

isinkwa

toast

i-toast

cookies

amabhiskidi

butter

ibhotela

curd

i-curd

cake

ikhekhe

egg

iqanda

fried egg

iqanda elithosiwe

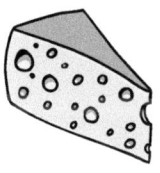

cheese

ushizi

food - ukudla

ice cream
i-ice cream

sugar
ushukela

honey
uju

jelly
ujamu

nougat cream
ispredi sikashokholedi

curry
isitshulu

farm
ifamu

farm house — indlu yasemafamu
barn — i-barn
straw bale — utshani obomile
field — igceke
horse — ihhashi
trailer — i-trailer
foal — i-foal
tractor — ugandaganda
donkey — imbongolo
lamb — imvu esencane
sheep — imvu

goat
imbuzi

cow
inkomo

calf
ithole

pig
ingulube

piglet
ingulube esencane

bull
inkunzi

farm - ifamu

 goose — ihansi	 duck — idada	 chick — ichwane
 hen — isikhukhukazi	 cockerel — iqhude	 rat — igundwane
 cat — ikati	 mouse — igundwane	 ox — inkabi
 dog — inja	 dog house — indlu yenja	 garden hose — ipayipi lokunisela
 watering can — ikani lokunisela	 scythe — ucelemba	 plow — igeja

farm - ifamu

sickle

isikela

hoe

ukhuba

pitchfork

imfoloko

axe

imbazo

pushcart

ibhala

trough

umkhombe

milk can

ubusi olusekanini

sack

isaka

fence

ifensi

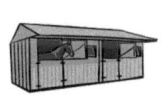

stable

esitebhilini

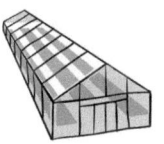

greenhouse

i-greenhouse

soil

inhlabathi

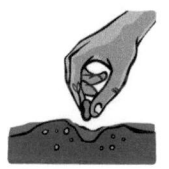

seed

imbewu

fertilizer

umanyolo

combine harvester

ukuvuna okuhlanganisiwe

harvest
vuna

harvest
isivuno

yams
ama-yam

wheat
ukolweni

soya
umbhontshisi

potato
amazambane

corn
ummbila

rapeseed
i-rapeseed

fruit tree
isihlahla sezithelo

manioc
umdumbula

grain
amasiriyeli

farm - ifamu

house
indlu

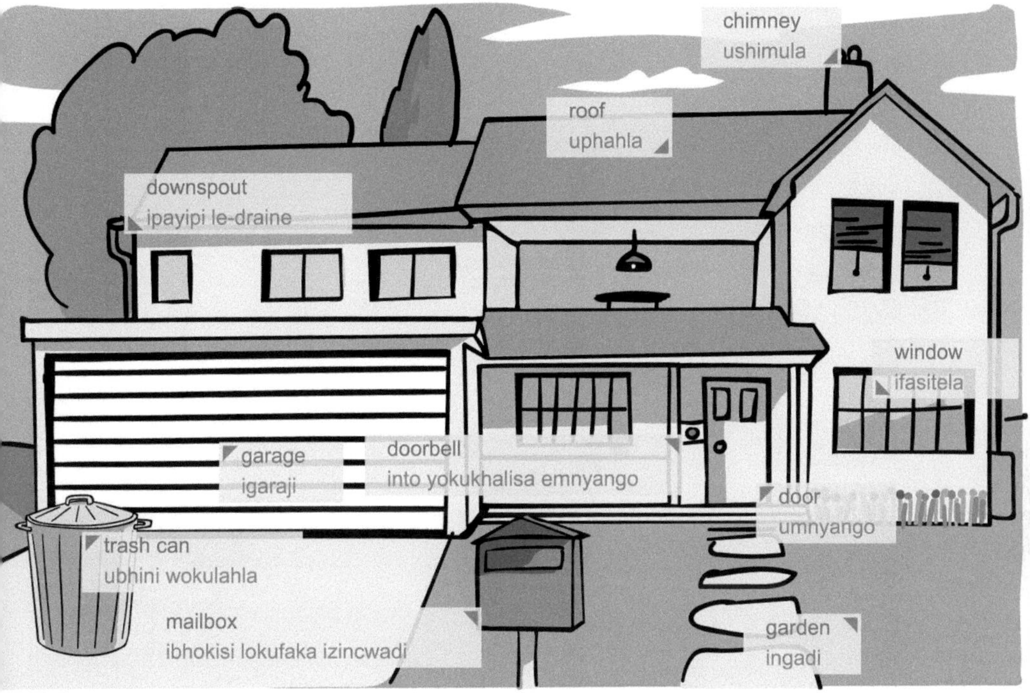

- chimney — ushimula
- roof — uphahla
- downspout — ipayipi le-draine
- window — ifasitela
- garage — igaraji
- doorbell — into yokukhalisa emnyango
- door — umnyango
- trash can — ubhini wokulahla
- mailbox — ibhokisi lokufaka izincwadi
- garden — ingadi

living room
igumbi lokuhlala

bathroom
igumbi lokugeza

kitchen
ikhishi

bedroom
igumbi lokulala

kids room
igumbi lezingane

dining room
igumbi lokudlela

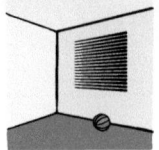
floor
phansi

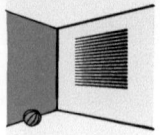
wall
udonga

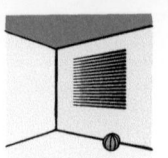
ceiling
usilingi

cellar
i-cella

sauna
i-sauna

balcony
ibhalconi

terrace
i-terrace

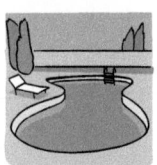
pool
iphuli

lawn mower
umshin wokugunda utshani

sheet
ishidi

bedspread
ingubo yokulala

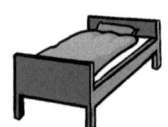
bed
umbhede

broom
umshanelo

bucket
ibhakede

switch
i-switch

house - indlu

living room
igumbi lokuhlala

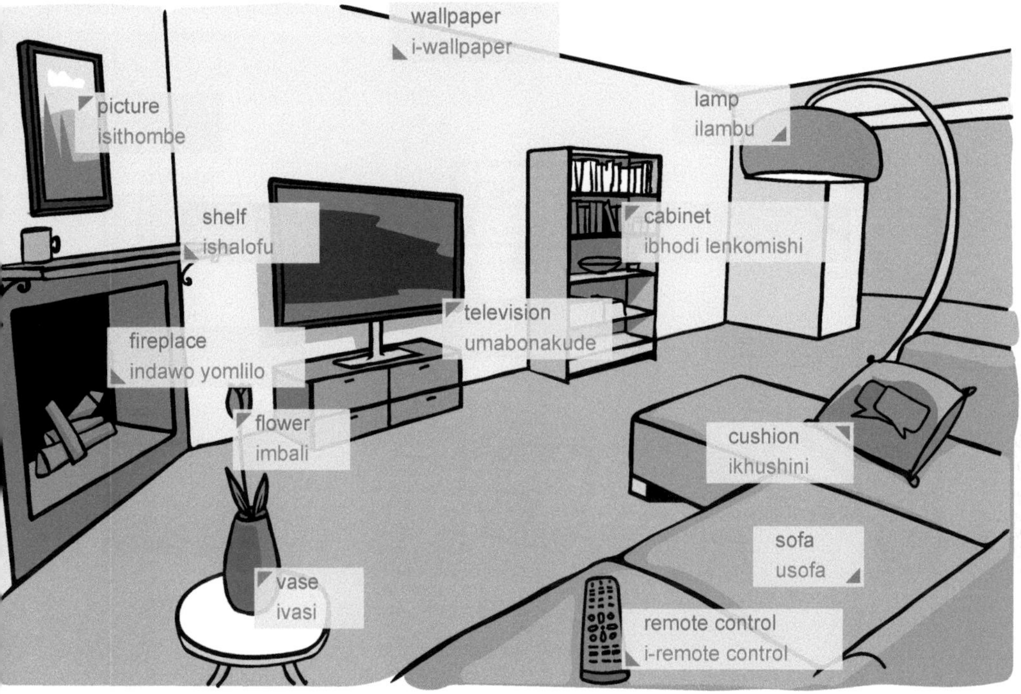

- wallpaper — i-wallpaper
- picture — isithombe
- lamp — ilambu
- shelf — ishalofu
- cabinet — ibhodi lenkomishi
- fireplace — indawo yomlilo
- television — umabonakude
- flower — imbali
- cushion — ikhushini
- vase — ivasi
- sofa — usofa
- remote control — i-remote control

carpet
ukhaphethe

drape
ikhethini

table
itafula

chair
isihlalo

rocking chair
isihlalo esinyakazayo

armchair
isihlalo esingangengalo

book
incwadi

blanket
ingubo

decoration
ukuhlobisa

firewood
izinkuni zokubasa

film
ifilimu

stereo system
izinto ze-hi-fi

key
ukhiye

newspaper
iphephandaba

painting
ukupenda

poster
iphosta

radio
umsakazo

notebook
i-notepad

vacuum cleaner
ihuva

cactus
i-cactus

candle
ikhandlela

living room - igumbi lokuhlala

kitchen
ikhishi

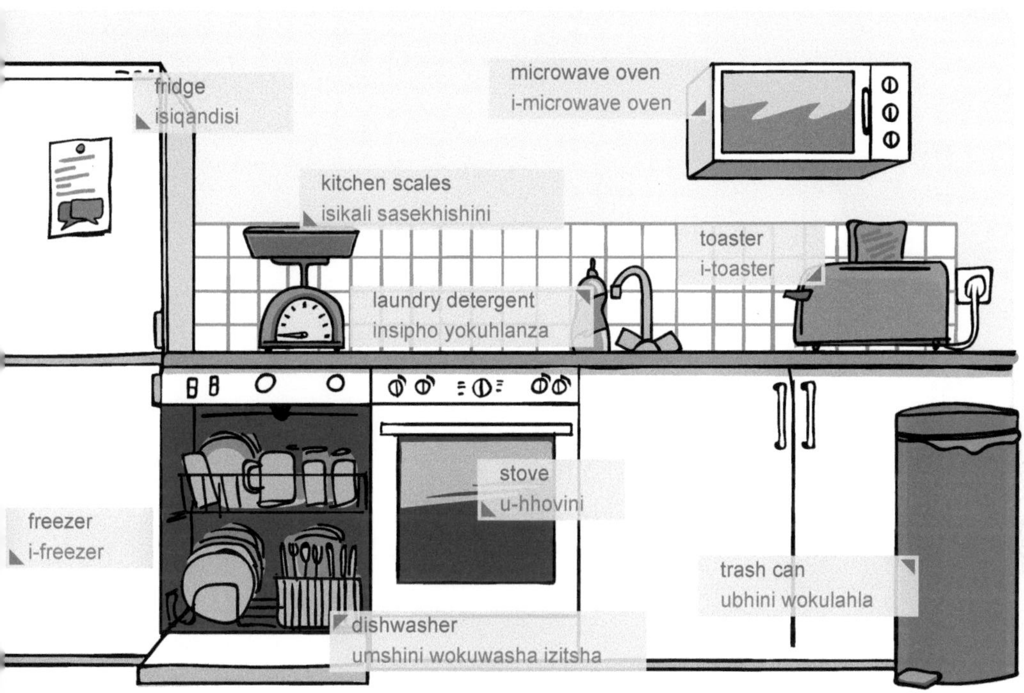

fridge — isiqandisi
microwave oven — i-microwave oven
kitchen scales — isikali sasekhishini
toaster — i-toaster
laundry detergent — insipho yokuhlanza
stove — u-hhovini
freezer — i-freezer
trash can — ubhini wokulahla
dishwasher — umshini wokuwasha izitsha

cooker
umshini wokupheka

pot
ibhodwe

cast-iron pot
ibhodwe le-cast iron

wok / kadai
i-wok / kadai

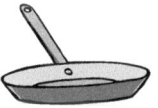

pan
ipani

kettle
iketela

steamer
i-steamer

baking tray
ithreyi lokubhaka

crockery
izitsha zokudla

mug
imaki

bowl
isitsha

chopsticks
izinti zendwangu

ladle
isixembe sokuphaka

spatula
ispathula

whisk
i-whisk

strainer
i-strainer

sieve
isisefo

grater
igretha

mortar
isitsha sodaka

barbecue
i-barbecue

fireplace
umlilo

kitchen - ikhishi

chopping board

ibhodi lokuqoba

rolling pin

ipini lokurola

corkscrew

iskrew

can

ikani

can opener

into yokuvula ikani

oven cloth

indwangu yokubamba ibhodwe

sink

usinki

brush

i-brush

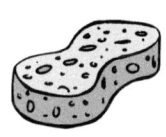

sponge

isiponji

blender

ibhlenda

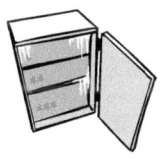

deep freezer

i-deep freezer

baby bottle

ibhodlela lengane

tap

umpompi

kitchen - ikhishi

bathroom
igumbi lokugeza

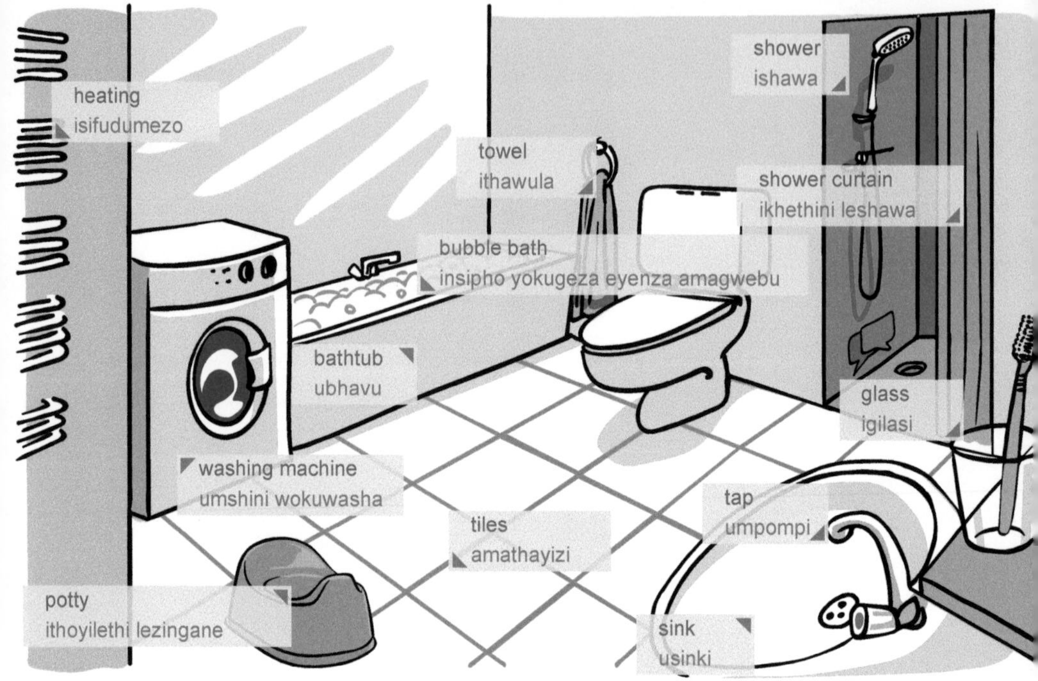

- shower — ishawa
- heating — isifudumezo
- towel — ithawula
- shower curtain — ikhethini leshawa
- bubble bath — insipho yokugeza eyenza amagwebu
- bathtub — ubhavu
- glass — igilasi
- washing machine — umshini wokuwasha
- tap — umpompi
- tiles — amathayizi
- potty — ithoyilethi lezingane
- sink — usinki

toilet
ithoyilethi

squat toilet
ithoyilethi oqoshama kuyo

bidet
ithoyilethi le-bidet

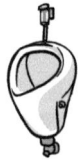

urinal
ithoyilethi lokuchama labesilisa

toilet paper
iphepha lasethoyilethi

toilet brush
ibhrashi lasethoyilethi

toothbrush

ibhrashi lamazinyo

toothpaste

insipho yamazinyo

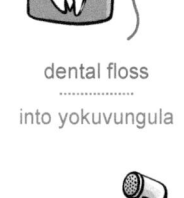

dental floss

into yokuvungula

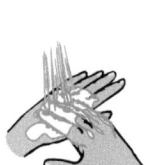

wash

washa

hand shower

ishawa ebanjwa ngesandla

douche

uchatho

basin

u-basini

back brush

ibrashi lomhlane

soap

insipho

shower gel

ijeli yeshawa

shampoo

ishampu

flannel

ishethi lesikoshi

drain

i-drain

creme

ukhilimu

deodorant

into yokugcoba amakhwapha

bathroom - igumbi lokugeza

mirror

isibuko

hand mirror

isibuko esiphathwa ngesandla

razor

ireyza

shaving foam

igwebu lokushefa

aftershave

umuthi ogcotshwa ngemva kokushefa

comb

ikama

brush

ibhrashi

hair-dryer

into yokomisa izinwele

hairspray

ispreyi sezinwele

makeup

i-makeup

lipstick

into yokugcoba umlomo

nail varnish

into yokususa upende wezinzipho

cotton wool

uwuli kakotini

nail scissors

isikelo sezinzipho

perfume

isigqolo

bathroom - igumbi lokugeza

washbag
isikhwama sezinto zokugeza

stool
isitulo

weighing scales
isikali

bathrobe
ingubo yokugeza

rubber gloves
amagilavu erabha

tampon
ithemponi

sanitary towel
iphedi yasesikhathini

chemical toilet
ithoyilethi lekhemikhali

bathroom - igumbi lokugeza

kids room
igumbi lezingane

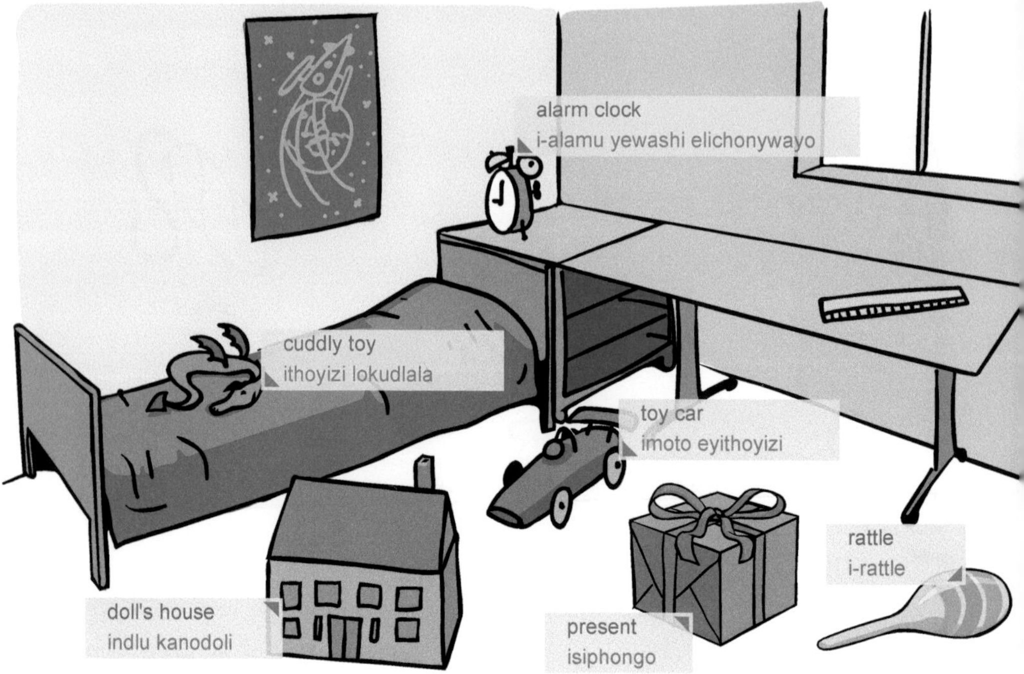

alarm clock
i-alamu yewashi elichonywayo

cuddly toy
ithoyizi lokudlala

toy car
imoto eyithoyizi

doll's house
indlu kanodoli

present
isiphongo

rattle
i-rattle

balloon
ibhaluni

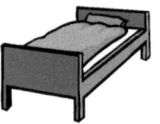

bed
umbhede

stroller
iphremu

deck of cards
amakhadi

jigsaw
i-jigsaw

comic
indaba edwetshiwe

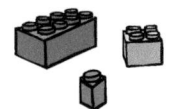

lego bricks
amabrick elego

toy blocks
amabhuloksi okwakha

action figure
unodoli weqhawe

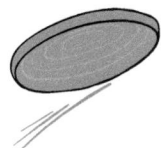
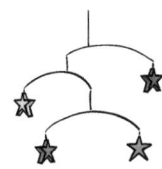

romper suit
izimpahla zezingane

frisbee
i-frisbee

mobile
amathoyizi ezingane alengayo

board game
ibhodi lokudlala igemu

dice
idayisi

model train set
isethi yesitimela

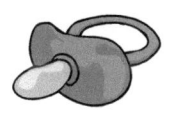

pacifier
idemu

party
iphathi

picture book
incwadi yezithombe

ball
ibhola

doll
unodoli

play
dlala

kids room - igumbi lezingane

sandpit
umgodi wenhlabathi

swing
uzwinki

toys
amathoyizi

video game console
umshini wamavidiyo geymu

tricycle
ibhayisikili elinemasondo amathathu

teddy bear
uthedibhe

wardrobe
u-wardrobe

clothing
izimpahla

socks
amasokisi

stockings
amastokhingi

tights
amathayithi

body
umzimba

pants
amabhulukwe

jeans
amajini

skirt
isiketi

blouse
isikibha

shirt
ishethi

pullover
ijezi elinezigqoko

sweater
i-hoodie

blazer
ibhuleyiza

jacket
ijakhethi

coat
ijazi

raincoat
i-raincoat

costume
ikhosyumu

dress
ingubo

wedding dress
ingubo yomshado

clothing - izimpahla

suit
isudu

nightgown
ingubo yokulala

pajamas
amaphijama

sari
ingubo yesari

headscarf
isikhafu

turban
isigqoko se-turban

burka
ibhukha

kaftan
ingubo yekaftani

abaya
abaya

swimsuit
impahla yokubhukuda

trunks
amathranki

shorts
isikhindi

tracksuit
i-tracksuit

apron
ingubo yokupheka

gloves
amagilavu

button ibhathini	glasses izibuko	bracelet ibhengela

necklace umgexo	ring indandatho	earring amacici

cap ikepisi	coat hanger into yokuhenga ijazi	hat isigqoko

tie uthayi	zip uziphu	helmet ihelmethi
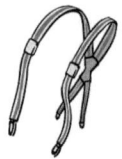		
braces ama-braces	school uniform iyunifomu yesikole	uniform iyunifomu

clothing - izimpahla

bib
ibhayi lengane

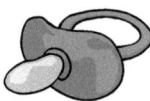
pacifier
idemu

diaper
inabukeni

office
i-ofisi

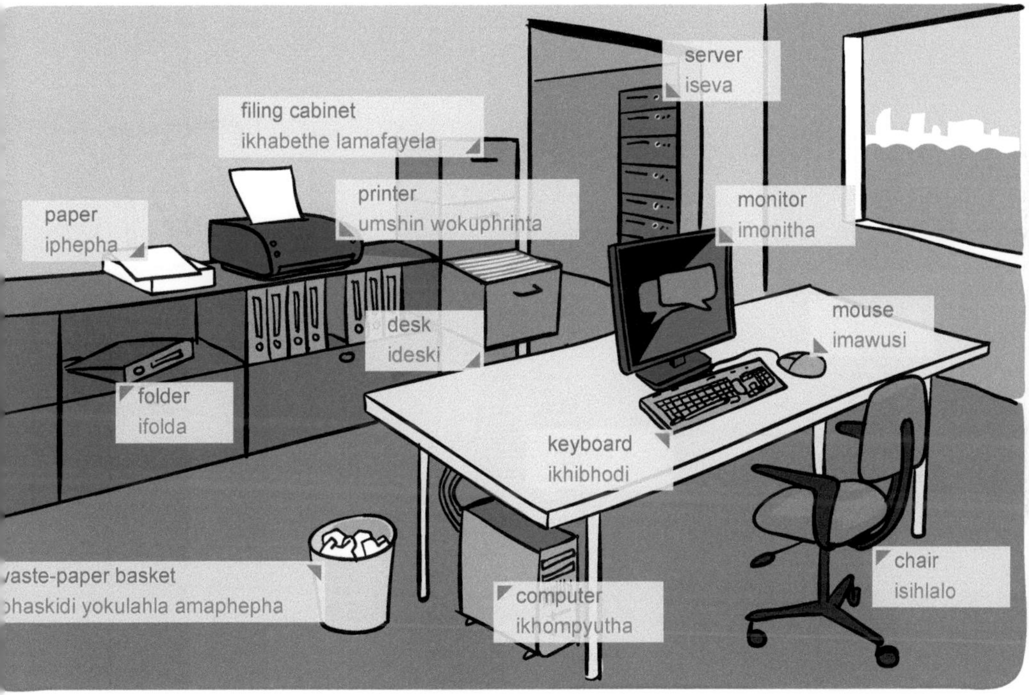

- server — iseva
- filing cabinet — ikhabethe lamafayela
- printer — umshin wokuphrinta
- monitor — imonitha
- paper — iphepha
- desk — ideski
- mouse — imawusi
- folder — ifolda
- keyboard — ikhibhodi
- waste-paper basket — bhaskidi yokulahla amaphepha
- computer — ikhompyutha
- chair — isihlalo

coffee mug
imagi yekhofi

calculator
ikhalkhuletha

internet
i-inthanethi

laptop

ilephuthophu

letter

incwadi

message

umyalezo

cell phone

ifoni

network

inethiwekhi

photocopier

ifothokhophi

software

i-software

telephone

ucingo

plug socket

indawo yokupulaka

fax machine

umshini wokufeksa

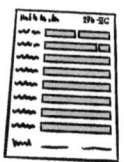

form

ifomu

document

idokhumenti

economy
umnotho

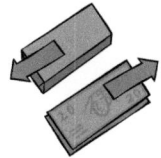
buy
thenga

pay
khokha

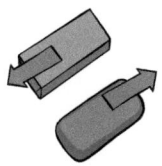
trade
shintshana

money
imali

dollar
idola

euro
i-euro

yen
iyen

rouble
i-rouble

Swiss franc
iSwiss franc

renminbi yuan
i-renminbi yuan

rupee
i-rupee

cash point
umshini wokukhipha imali

currency exchange office
i-bureau de change

gold
igolide

silver
isiliva

oil
amafutha

energy
amandla

price
inani lemali

contract
ukuxhumana

tax
intela

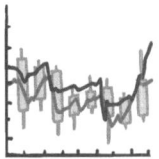

stock
isitokwe

work
sebenza

employee
isisebenzi

employer
umqashi

factory
ifekthri

shop
esitolo

economy - umnotho

occupations
imisebenzi

police officer
iphoyisa

fireman
indoda ecisha umlilo

cook
pheka

doctor
udokotela

pilot
umshayeli wezindiza

gardener
umuntu onakekela ingadi

carpenter
umbazi

seamstress
umthungi

judge
ijaji

chemist
umuntu osebenza ekhemisi

actor
umlingisi

bus driver
umshayeli webhasi

taxi driver
umshayeli wetekisi

fisherman
indoda edoba izinhlanzi

cleaning lady
owesifazane ohlanzayo

roofer
umuntu olungisa uphahla

waiter
uweyita

hunter
umzingeli

painter
umuntu opendayo

baker
umbhaki

electrician
umuntu osebenza ngogesi

builder
umakhi

engineer
unjiniyela

butcher
indawo edayisa inyama

plumber
umuntu osebenza ngamapayipi

postman
indoda yaseposini

occupations - imisebenzi

soldier	architect	cashier
isosha	umdwebi wezakhiwo	umbali wemali

florist	hairdresser	conductor
umuntu otshala izimbali	umuntu owenza izinwele	umqondisi wasesitimeleni

mechanic	captain	dentist
umakhenikha	ukaputeni	udokotela wamazinyo

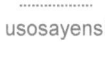

scientist	rabbi	imam
usosayensi	urabi	imam

monk	pastor
indela	umfundisi

occupations - imisebenzi

tools
amathuluzi

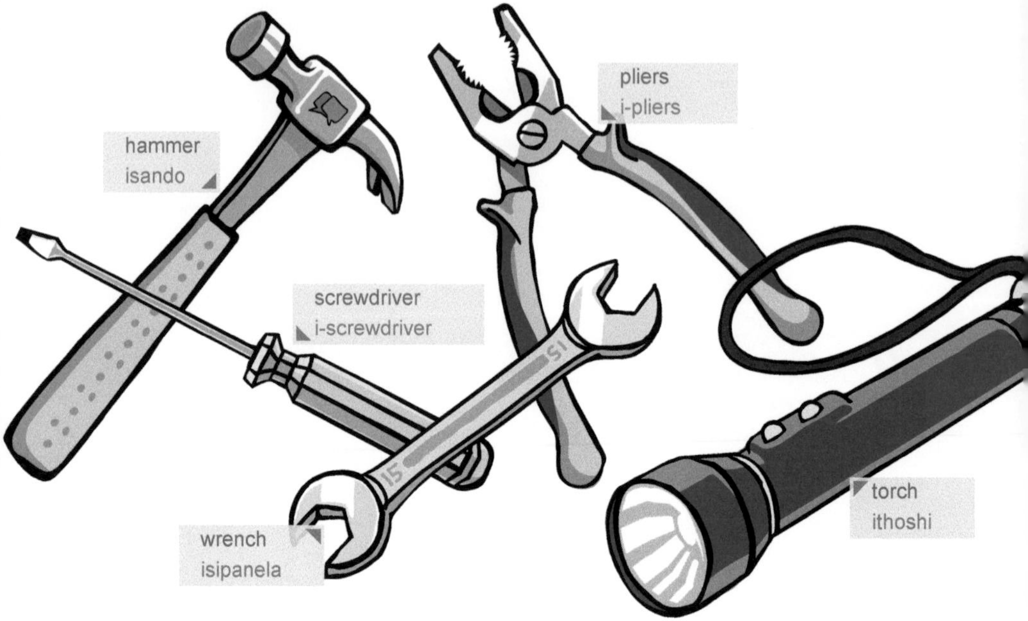

hammer
isando

pliers
i-pliers

screwdriver
i-screwdriver

wrench
isipanela

torch
ithoshi

excavator
umshini wokumba

toolbox
ibhokisi lamathuluzi

ladder
isitebhisi

saw
isaha

nails
izinzipho

drill
i-drill

repair
lungisa

shovel
ifosholo

Damn!
Damethi!

dustpan
idastipheni

paint can
ithini likapende

screws
i-screws

musical instruments
izinsimbi zomculo

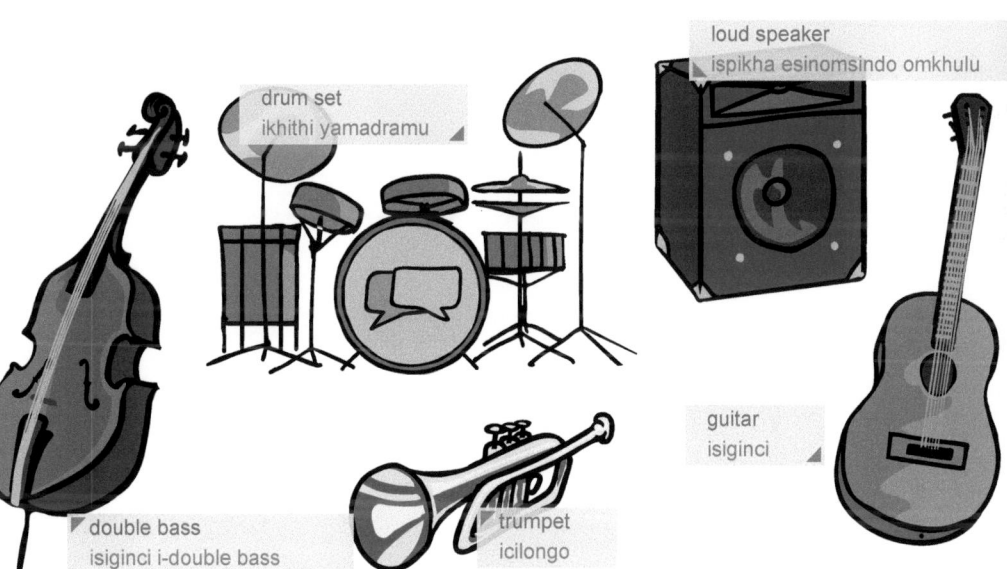

musical instruments - izinsimbi zomculo

piano
ipiyano

violin
ivayolini

bass
i-bass

timpani
ithimpani

drums
amadramu

keyboard
i-keyboard

saxophone
i-saxophone

flute
umtshingo

microphone
imakhrofoni

musical instruments - izinsimbi zomculo

zoo
esiqiwini

tiger - ingwe
entrance - indawo yokungena
cage - ikheji
zebra - idube
animal feed - ukudla kwezilwane
panda - iphanda

animals
izilwane

elephant
indlovu

kangaroo
ikhangaru

rhino
ubhejane

gorilla
igorila

bear
ibhele

camel
ikamela

ostrich
intshe

lion
ingonyama

monkey
inkawu

flamingo
i-flamingo

parrot
upholi

polar bear
ibhele laseqhweni

penguin
iphenguwini

shark
ushaka

peacock
ipigogo

snake
inyoka

crocodile
ingwenya

zookeeper
umgcini wezilwane

seal
isilwane saseqhweni

jaguar
ijaguwa

zoo - esiqiwini

pony
iponi

leopard
ingwe

hippo
imvubu

giraffe
indlulamithi

eagle
ukhozi

boar
intibane

fish
inhlanzi

turtle
ufudu

walrus
i-walrus

fox
ujakalase

gazelle
inyamazane igazele

zoo - esiqiwini

sports
imidlalo

activities
imisebenzi

jump
gxuma

laugh
hleka

hug
haga

walk
hamba

sing
cula

dream
phupha

pray
thandaza

kiss
cabuza

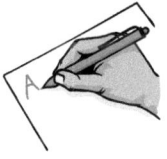

write

bhala

draw

dweba

show

bonisa

push

phusha

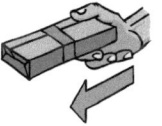

give

nikeza

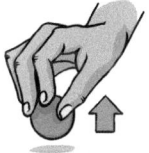

take

thatha

activities - imisebenzi

have
yiba

do
yenza

be
yiba

stand
sukuma

run
gijima

pull
donsa

throw
phonsa

fall
yiwa

lie
amanga

wait
linda

carry
thwala

sit
hlala

get dressed
gqoka

sleep
lala

wake up
vuka

activities - imisebenzi

look at
bukela

cry
khala

stroke
qhweba

comb
kama

talk
khuluma

understand
qonda

ask
buza

listen
lalela

drink
phuza

eat
idla

tidy up
coca

love
thanda

cook
pheka

drive
shayela

fly
ndiza

activities - imisebenzi

sail
hamba ngomkhumbi

calculate
bala

read
funda

learn
funda

work
sebenza

marry
shada

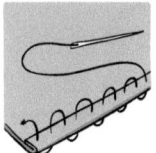
sew
thunga

brush teeth
geza amazinyo

kill
bulala

smoke
bhema

send
thumela

family
umndeni

- grandmother — ugogo
- grandfather — umkhulu
- father — ubaba
- mother — umama
- baby — ingane
- daughter — indodakazi
- son — indodana

guest
isivakashi

aunt
u-anti

uncle
umalume

brother
umfowethu

sister
udadewethu

body
umzimba

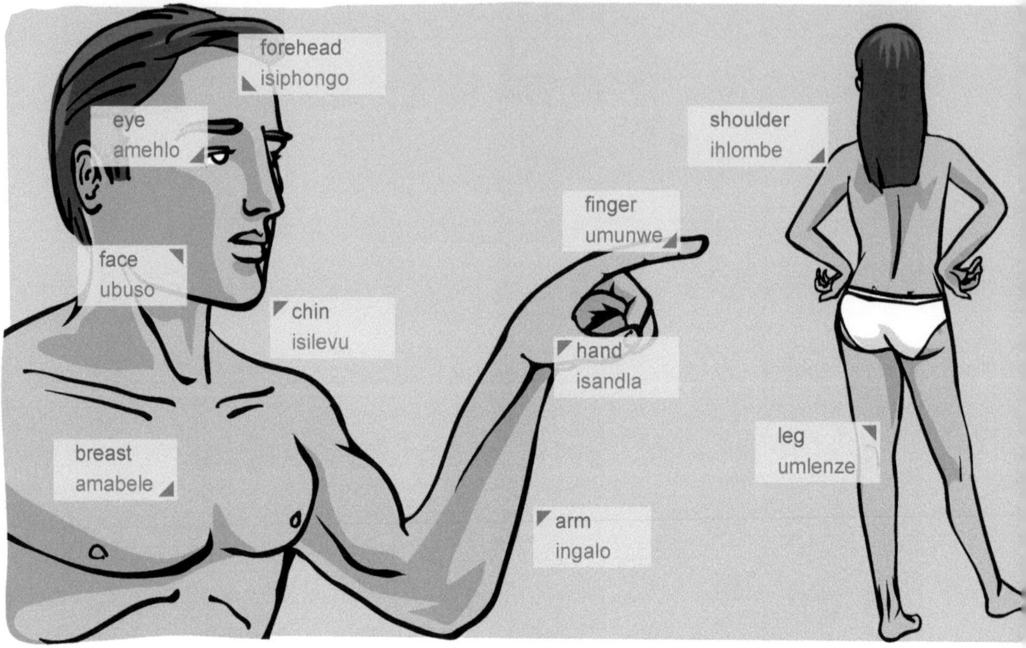

- forehead — isiphongo
- eye — amehlo
- face — ubuso
- chin — isilevu
- breast — amabele
- shoulder — ihlombe
- finger — umunwe
- hand — isandla
- arm — ingalo
- leg — umlenze

baby
ingane

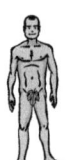

man
indoda

woman
owesifazane

girl
intombazane

boy
umfana

head
ikhanda

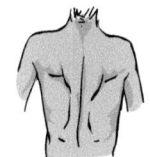 back — umhlane	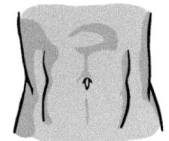 belly — isisu	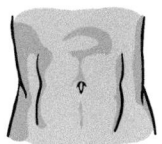 navel — inkaba
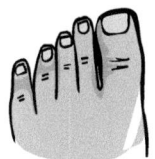 toe — izinzwane	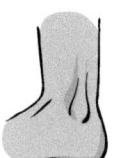 heel — isithende	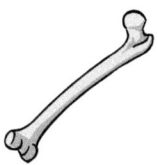 bone — ithambo
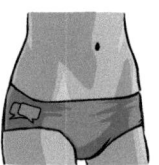 hip — inqulu	 knee — idolo	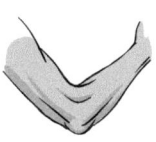 elbow — indololwane
 nose — ikhala	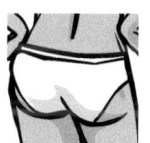 buttocks — ingenzansi	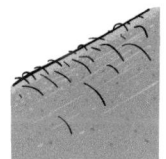 skin — isikhumba
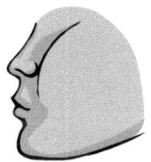 cheek — iziqhomo	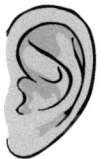 ear — indlebe	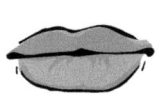 lip — udebe

body - umzimba

mouth
umlomo

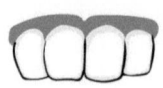

tooth
amazinyo

tongue
ulimu

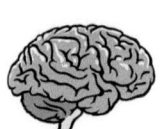

brain
ingqondo

heart
inhliziyo

muscle
imasela

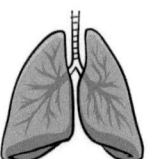

lung
uphaphe

liver
isibindi

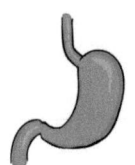

stomach
isisu

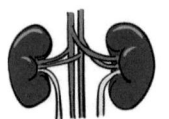

kidneys
izinso

sex
ucansi

condom
ikhondomu

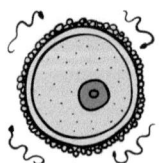

ovum
iqanda

semen
isidoda

pregnancy
ukukhulelwa

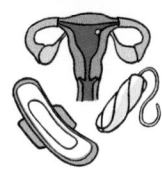 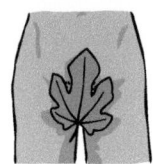 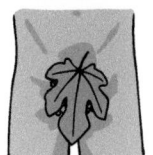

menstruation	vagina	penis
ukuya esikhathini	imomozi	umthondo

  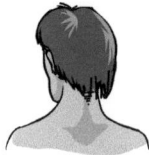

eyebrow	hair	neck
ishiya	izinwele	intamo

hospital
isibhedlela

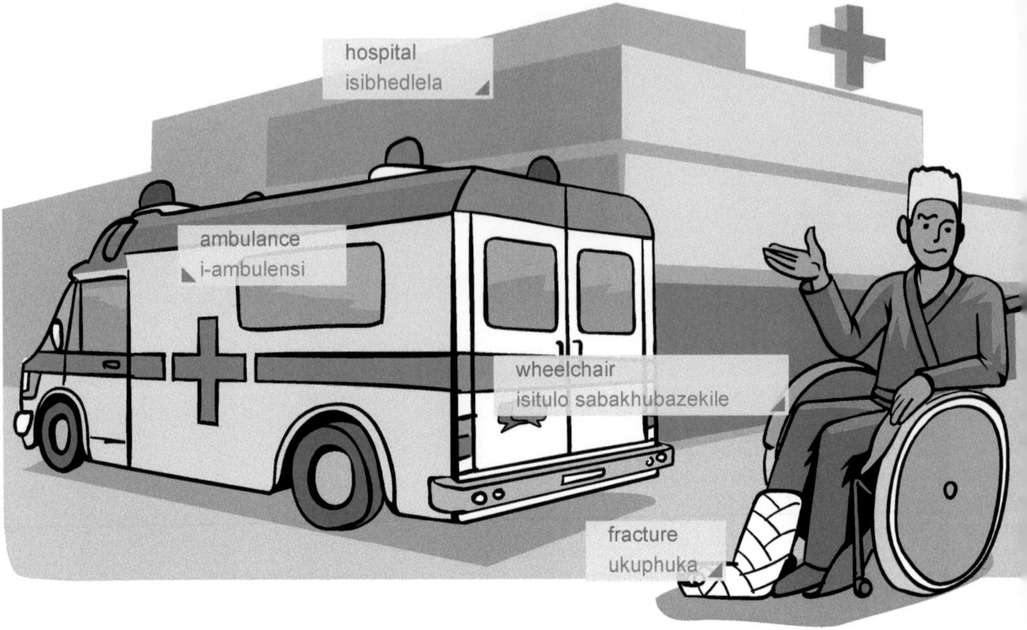

- hospital — isibhedlela
- ambulance — i-ambulensi
- wheelchair — isitulo sabakhubazekile
- fracture — ukuphuka

doctor
udokotela

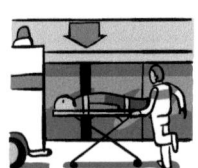

emergency room
igumbi leziguli ezidinga ukwelashwa okuphuthumayo

nurse
umhlengikazi

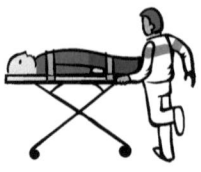

emergency
izimo eziphuthumayo

unconscious
ukuquleka

pain
ubuhlungu

 injury — ukulimala	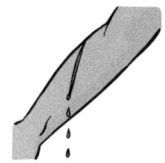 bleeding — ukopha	 heart attack — isifo senhliziyo
 stroke — ukushaywa unhlangothi	 allergy — ukungazwani komzimba nezinto ezithile	 cough — ukukhwehlela
 fever — imfiva	 flu — umkhuhlane	 diarrhea — ukuhuda
 headache — ukuphathwa ikhanda	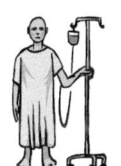 cancer — umdlavuza	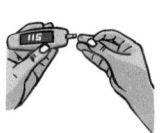 diabetes — isifo sikashukela
 surgeon — udokotela ohlinzayo	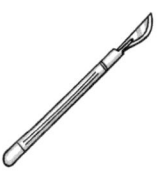 scalpel — isikalpheli	 operation — ukuhlinzwa

hospital - isibhedlela

CT
CT

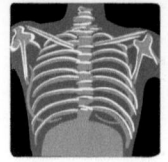
x-ray
i-x-ray

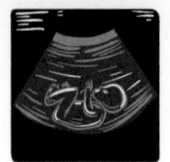
ultrasound
i-ultrasound

face mask
imaskhi yasebusweni

disease
isifo

waiting room
igumbi lokulinda

crutch
izinduko zokuhamba

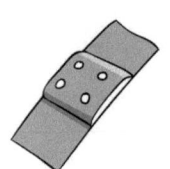
plaster
iplasta

bandage
ibhandishi

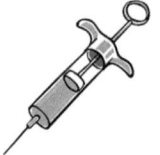
injection
umjovo

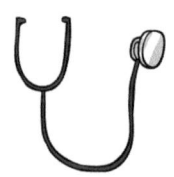
stethoscope
izipopolo zikadokotela

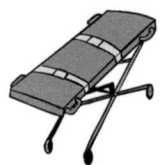
stretcher
i-stretcher

clinical thermometer
umshini okala izinga lokushisa

birth
ukubeletha

overweight
ukukhuluphala ngokweqile

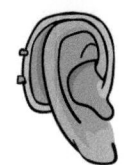
hearing aid
insizwa yokuzwa

disinfectant
ukungatheleleki

infection
ukutheleleka

virus
ivariyasi

HIV / AIDS
HIV / AIDS

medicine
umuthi

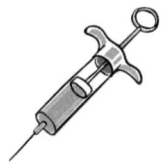
vaccination
umgomo

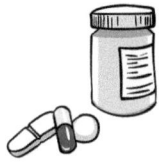
tablets
amaphilisi

pill
amaphilisi

emergency call
ucingo oluphuthumayo

blood pressure monitor
umshini okala umfutho wegazi

ill / healthy
ukugula / ukuba umqemane

emergency
izimo eziphuthumayo

Help!
Sizani!

alarm
i-alamu

assault
ukuhlasela

attack
ukuhlasela

danger
ingozi

emergency exit
indawo yokubalekela ngaphansi kwezimo eziphuthumayo

Fire!
Umlimo!

fire extinguisher
isicimamlilo

accident
ingozi

first-aid kit
ikhithi yosizo lokuqala

SOS
SOS

police
amaphoyisa

earth
Umhlaba

Europe

Europe

North America

North America

South America

South America

Africa

Africa

Asia

Asia

Australia

Australia

Atlantic

Atlantic

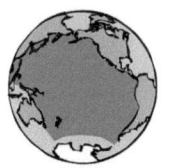

Pacific

Pacific

Indian Ocean

Indian Ocean

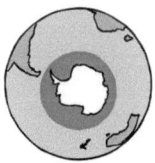

Antarctic Ocean

Antarctic Ocean

Arctic Ocean

Arctic Ocean

North pole

North Pole

South pole	Antarctica	earth
South Pole	Antarctica	Umhlaba

land	sea	island
umhlaba	izilwandle	isiqhingi
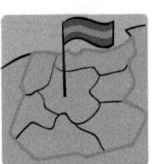	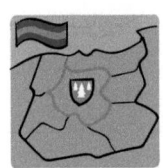	
nation	state	
izwe	inhlangano engokomthetho	

clock
iwashi

clock face

ubuso bewashi

hour hand

isandla sehora

minute hand

isandla semizuzu

second hand

isandla sesibili

What time is it?

Ubani isikhathi?

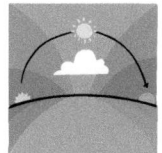

day

usuku

time

isikhathi

now

manje

digital watch

iwashi lezibalo

minute

umzuzu

hour

ihora

week
iviki

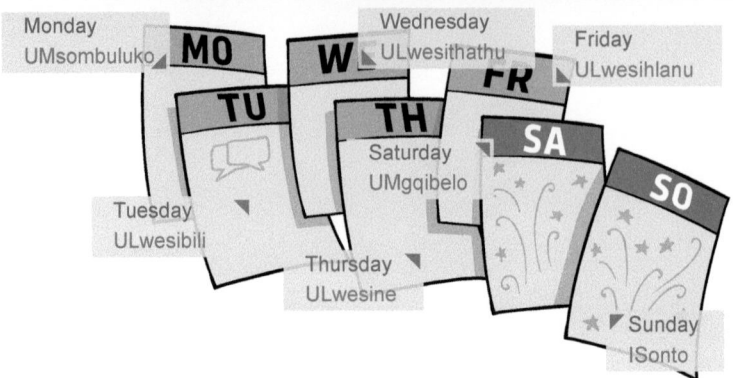

yesterday
izolo

today
namhlanje

tomorrow
kusasa

morning
ekuseni

noon
emini

evening
ntambama

workdays
izinsuku zeviki

weekend
impelasonto

year
unyaka

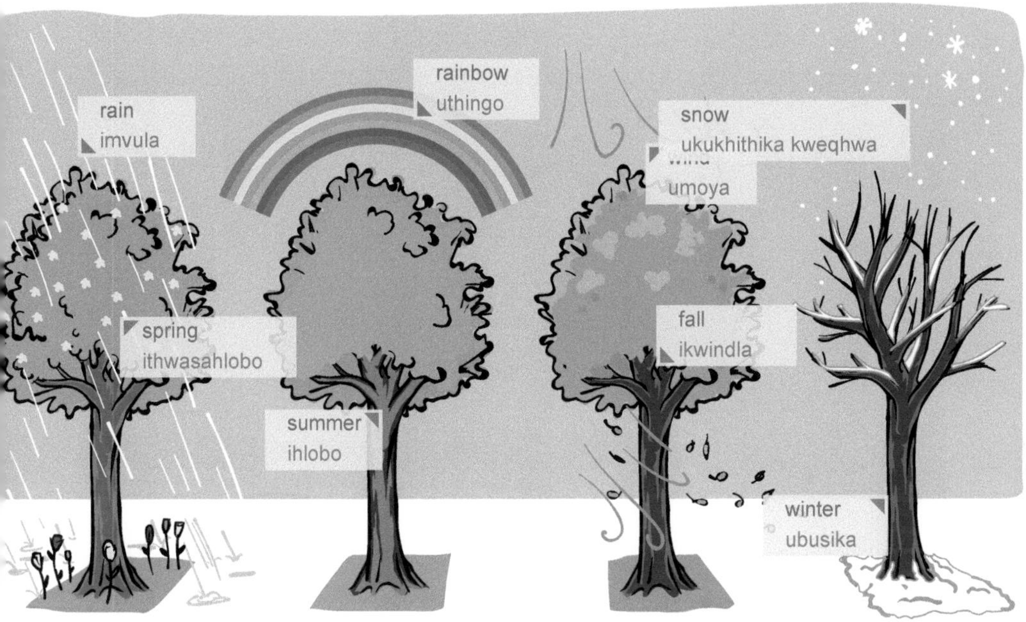

- rain — imvula
- rainbow — uthingo
- snow — ukukhithika kweqhwa
- wind — umoya
- spring — ithwasahlobo
- summer — ihlobo
- fall — ikwindla
- winter — ubusika

weather forecast
isimo sezulu

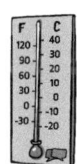

thermometer
umshini wezinga lokushisa

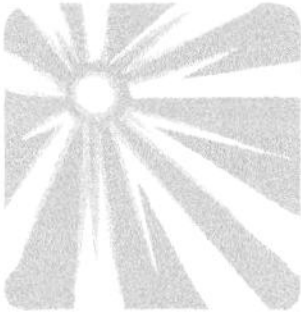

sunshine
ukushisa kwelanga

cloud
amafu

fog
inkungu

humidity
umswakama

lightning
ummbani

thunder
ukuduma kwezulu

storm
isiphepho

hail
isichotho

monsoon
imvula enkulu

flood
izikhukhula

ice
iqhwa

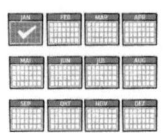
January
UMasingana

February
UNhlolanja

March
UNdasa

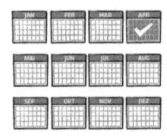
April
UMbasa

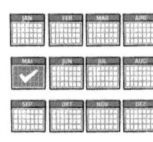
May
UNhlaba

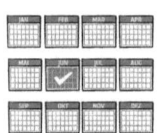
June
UNhlangulana

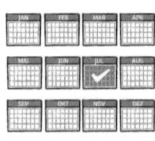
July
UNtulikazi

August
UNcwaba

year - unyaka

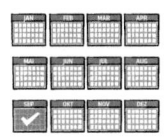
September
UMandulo

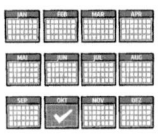
October
UMfumfu

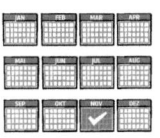
November
ULwezi

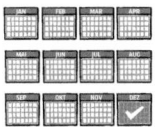
December
UZibandlela

shapes
amasheyphu

circle
indilinga

square
isikwele

rectangle
unxande

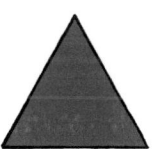
triangle
unxantathu

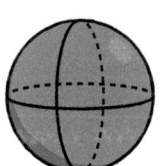
sphere
i-sphere

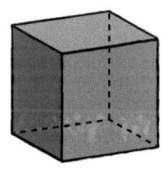
cube
i-cube

colors
imibala

white
kumhlophe

yellow
kuphuzi

orange
ku-olenji

pink
kuphinki

red
kumbomvu

purple
kuphephuli

blue
kuluhlaza okwesibhakabhaka

green
kuluhlaza

brown
kubhrawuni

gray
kuphashile

black
kumnyama

opposites
izinto ezingafani

a lot / a little
kakhulu / kancane

angry / calm
ukucasuka / ubumnene

beautiful / ugly
ubuhle / ububi

beginning / end
isiqalo / isiphetho

big / small
kukhulu / kuncane

bright / dark
kuyakhanya / kumnyama

brother / sister
umfowethu / udadewethu

clean / dirty
ukuhlanzeka / ukungcola

complete / incomplete
ukuphelela / ukungapheleli

day / night
imini / ubusuku

dead / alive
ukufa / ukuphila

wide / narrow
ukuvuleka / ukunyinyeka

edible / inedible
okudliwayo / okungadliwa

evil / kind
ukukhohlakala / umusa

excited / bored
ukujabula / isithukuthezi

fat / thin
ukunona / ukuzaca

first / last
ukuqala / ukugcina

friend / enemy
umngane / isitha

full / empty
ukugcwala / ukuphela

hard / soft
ubunzima / ukuthamba

heavy / light
ukusinda / ukubalula

hunger / thirst
ukulamba / ukoma

ill / healthy
ukugula / ukuba umqemane

illegal / legal
ngokomthetho / okungekho emthethweni

intelligent / stupid
ukuhlakanipha / isiphukuphuku

left / right
isinxele / esokudla

near / far
eduze / kude

new / used

kusha / sekusebenzile

nothing / something

utho / okuthile

old / young

okudala / okusha

on / off

vuliwe / kucishiwe

open / closed

vula / vala

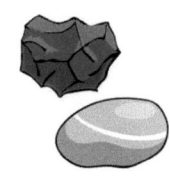

quiet / loud

kuthulekile / kunomsindo

rich / poor

ukuceba / ubumpofu

right / wrong

kulungile / akulungile

rough / smooth

kugadlazekile / kuyashelela

sad / happy

dabuka / jabula

short / long

kufishane / kude

slow / fast

kuyanensa / kuyashesha

wet / dry

ukuba manzi / ukoma

warm / cool

ukufudumala / ukuphola

war / peace

ukulwa / ukuthula

opposites - izinto ezingafani

numbers
izinombolo

0 zero — uziro

1 one — kunye

2 two — kubili

3 three — kuthathu

4 four — kune

5 five — kuhlanu

6 six — isithupha

7 seven — isikhombisa

8 eight — isishiyagalombili

9 nine — isishiyagalolunye

10 ten — ishumi

11 eleven — ishumi nanye

12	**13**	**14**
twelve	thirteen	fourteen
ishumi nambili	ishumi nantathu	ishumi nane
15	**16**	**17**
fifteen	sixteen	seventeen
ishumi nanhlanu	ishumi nesithupha	ishumi nesikhombisa
18	**19**	**20**
eighteen	nineteen	twenty
ishumi nesishiyagalombili	ishumi nesishiyagalolunye	amashumi amabili
100	**1.000**	**1.000.000**
hundred	thousand	million
ikhulu	inkulungwane	izigidi

languages
izilimi

English

isiNgisi

American English

isiNgisi saseMelika

Chinese Mandarin

isiMandarin saseShayina

Hindi

isiHindi

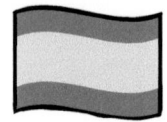

Spanish

iSpanishi

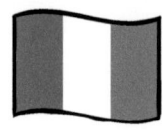

French

isiFulentshi

Arabic

isi-Arabhu

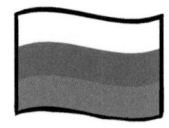

Russian

isiRashiya

Portuguese

isiPutukezi

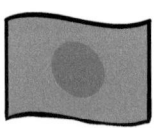

Bengali

isiBengali

German

isiJalimane

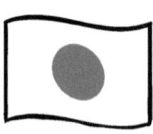

Japanese

isiJapane

who / what / how
ubani / ini / kanjani

I
Mina

you
wena

he / she / it
u / u / ku

we
thina

you
nina

they
bona

who?
ubani?

what?
ini?

how?
kanjani?

where?
kuphi?

when?
nini?

name
igama

where
kuphi

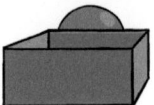

behind

ngemuva

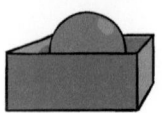

in

ngaphakathi

in front of

phambi kwe

over

phezulu

on

ngaphezulu

under

ngaphansi

beside

eceleni

between

phakathi

place

indawo